Tales of Heart and Hope: Bilingual Spanish-English Short Stories for Spanish Language Learners

Pomme Bilingual

Published by Pomme Bilingual, 2024.

While every precaution has been taken in the preparation of this book, the publisher assumes no responsibility for errors or omissions, or for damages resulting from the use of the information contained herein.

TALES OF HEART AND HOPE: BILINGUAL SPANISH-ENGLISH SHORT STORIES FOR SPANISH LANGUAGE LEARNERS

First edition. August 17, 2024.

Written by Pomme Bilingual.

Table of Contents

El susurro de la arena

Una mañana tranquila, la playa se despertaba lentamente bajo la caricia del sol. Las olas murmuraban secretos que solo la arena entendía, y el viento se deslizaba suave como un suspiro sobre la superficie del mar, creando pequeñas ondulaciones que viajaban hasta la orilla. Todo parecía estar en su lugar, como un cuadro perfecto pintado por la naturaleza.

En la distancia, se podía ver a un niño caminando descalzo por la arena, con los pies hundiéndose ligeramente en cada paso. Llevaba consigo un pequeño cubo y una pala de plástico, y sus ojos brillaban con una mezcla de asombro y curiosidad. Era uno de esos días en los que el mundo parecía inmenso, lleno de misterios esperando ser descubiertos.

Se detuvo cerca de la orilla, donde la arena estaba fresca y húmeda, perfecta para construir castillos. Se agachó y comenzó a cavar, concentrado en su tarea, mientras el mar seguía su danza eterna a su lado. A medida que levantaba montones de arena, su imaginación volaba, y en su mente, no era un simple niño en la playa; era un arquitecto construyendo un reino.

El niño trabajó en su castillo con dedicación, agregando torres y murallas, y decorándolo con conchas marinas que encontraba a su alrededor. A veces, se detenía a observar su creación, imaginando las historias que podrían desarrollarse dentro de aquellas paredes de arena. Cada torre tenía su propio propósito, cada puerta, su secreto.

Mientras construía, una gaviota se posó cerca, observándolo con curiosidad. El niño levantó la vista y sonrió, como si hubiera encontrado a un nuevo amigo. "¿Te gusta mi castillo?", le preguntó en voz baja, sabiendo que la gaviota no podía responder, pero sintiendo en su corazón que de alguna manera, lo comprendía.

El tiempo pasó y el sol comenzó a descender en el horizonte, pintando el cielo de tonos rosados y naranjas. El niño, cansado pero satisfecho, se sentó junto a su castillo para admirarlo en la luz del atardecer. Sabía que la marea subiría pronto y que su obra sería reclamada por el mar, pero no le importaba. Para él, el verdadero valor de su castillo no estaba en su permanencia, sino en el placer de haberlo creado.

Finalmente, el niño se levantó y, con una última mirada a su castillo, se alejó caminando por la orilla. La gaviota lo siguió un rato, volando a su lado, antes de emprender su propio vuelo hacia el horizonte. El niño miró hacia atrás una vez más, viendo cómo las olas comenzaban a borrar lentamente su obra.

El mar susurró un adiós, y la arena, siempre paciente, esperó el próximo día, la próxima creación. Sabía que cada castillo, aunque efímero, dejaba una huella en la memoria del que lo había construido. Y así, en esa playa tranquila, donde el sol se despedía en un abrazo cálido, el niño y la arena compartieron un momento eterno, un recordatorio de que en la sencillez de la vida se encuentran los tesoros más valiosos.

The Whisper of the Sand

One quiet morning, the beach awoke slowly under the caress of the sun. The waves whispered secrets that only the sand understood, and the wind slid softly like a sigh over the surface of the sea, creating small ripples that traveled to the shore. Everything seemed to be in its place, like a perfect painting created by nature.

In the distance, a child could be seen walking barefoot along the sand, his feet sinking slightly with each step. He carried with him a small bucket and a plastic shovel, and his eyes shone with a mix of wonder and curiosity. It was one of those days when the world seemed immense, full of mysteries waiting to be discovered.

He stopped near the shore, where the sand was cool and damp, perfect for building castles. He crouched down and began to dig, focused on his task, while the sea continued its eternal dance beside him. As he lifted mounds of sand, his imagination soared, and in his mind, he was not just a child on the beach; he was an architect building a kingdom.

The boy worked on his castle with dedication, adding towers and walls, and decorating it with seashells he found around him. Sometimes, he paused to observe his creation, imagining the stories that could unfold within those sandy walls. Each tower had its own purpose, each door its secret.

As he built, a seagull landed nearby, watching him with curiosity. The boy looked up and smiled, as if he had found a new friend. "Do you like my castle?" he asked softly, knowing the seagull couldn't answer, but feeling in his heart that somehow, it understood.

Time passed, and the sun began to descend on the horizon, painting the sky in shades of pink and orange. The boy, tired but satisfied, sat down next to his castle to admire it in the sunset light. He knew the tide would rise soon and that his creation would be claimed by the sea, but he didn't mind. For him, the true value of his castle wasn't in its permanence but in the joy of having created it.

Finally, the boy stood up and, with one last look at his castle, walked away along the shore. The seagull followed him for a while, flying by his side, before embarking on its own flight toward the horizon. The boy looked back one more time, seeing how the waves began to slowly erase his work.

The sea whispered goodbye, and the sand, always patient, waited for the next day, the next creation. It knew that each castle, though fleeting, left a mark on the memory of the one who had built it. And so, on that quiet beach, where the sun bid farewell in a warm embrace, the boy and the sand shared an eternal moment, a reminder that in the simplicity of life, the most valuable treasures are found.

El eco de las olas

Había una playa escondida, un rincón secreto donde la naturaleza susurraba verdades antiguas que el viento había olvidado llevarse. No estaba en ningún mapa, ni era conocida por muchos, pero aquellos que la encontraban sabían que habían tropezado con algo mágico, un lugar donde el tiempo parecía suspenderse y las preocupaciones se desvanecían como huellas en la arena.

Una tarde, justo cuando el sol comenzaba a bajar, un hombre llegó a esa playa. Había escuchado historias sobre ella, rumores de su existencia, pero nunca había estado seguro de si era real o simplemente un cuento para alimentar la imaginación. Sin embargo, al llegar allí, supo en su corazón que ese era el lugar que había estado buscando, quizás sin saberlo, durante toda su vida.

Era un hombre sencillo, con el peso de los años marcados en su rostro. Su cabello, gris como la ceniza, se movía suavemente con la brisa marina. Había recorrido muchas costas en su vida, pero ninguna como esta. Se quitó los zapatos y sintió la arena fría bajo sus pies, un contraste reconfortante con el calor del día que lentamente se desvanecía.

Caminó hasta la orilla, donde las olas rompían suavemente, como si tuvieran miedo de perturbar la paz del lugar. Se quedó allí, en silencio, observando el mar infinito, y en su mente, recordó los días de su juventud, los sueños que había perseguido y los que había dejado atrás. Había venido a esta playa buscando algo, aunque no estaba seguro de qué.

A lo lejos, un pequeño bote aparecía en el horizonte, apenas visible. Parecía deslizarse sin esfuerzo, como si fuera guiado por una fuerza invisible, una corriente sutil que sabía exactamente a dónde debía ir. El hombre observó el bote con atención, sintiendo una extraña conexión con él. Se preguntó si, como él, también estaba buscando un destino.

El cielo comenzaba a pintarse con los colores del atardecer, y la playa se sumergía en tonos dorados y violetas. Las gaviotas volaban en círculos, sus alas recortadas contra el horizonte, y el sonido del mar se volvió más profundo, como un latido que resonaba desde las profundidades de la tierra.

El hombre decidió caminar a lo largo de la playa, siguiendo el borde del agua. Con cada paso, las olas lamían sus pies, y el frío de la arena húmeda le daba una sensación de estar en contacto con algo primordial, algo que había estado allí mucho antes de que él llegara y que seguiría allí mucho después de que se fuera.

Mientras caminaba, vio algo en la distancia, un pequeño objeto que se movía con las olas. Se acercó lentamente y descubrió que era una botella de vidrio, vieja y desgastada por el tiempo. La recogió y notó que dentro había un trozo de papel. Con cuidado, desenroscó la tapa y sacó el papel, que estaba arrugado y amarillo, como si hubiera estado allí durante años.

El mensaje era simple, escrito con una caligrafía temblorosa, como si la mano que lo había escrito estuviera nerviosa o emocionada. Decía: "No importa a dónde vayas, siempre llevarás contigo las olas del lugar donde creciste."

El hombre se quedó mirando el mensaje durante un largo rato, sintiendo cómo esas palabras resonaban en su interior. No conocía la historia de quien había escrito esas líneas, pero de alguna manera, sintió que le hablaban directamente a él. Era como si el mar le hubiera entregado un recordatorio, un eco de algo que había olvidado.

Se guardó la nota en el bolsillo y siguió caminando, sintiendo que con cada paso dejaba atrás una parte de sí mismo, una parte que ya no necesitaba. El sol estaba a punto de esconderse completamente, y las sombras se alargaban sobre la arena. El hombre sabía que no podía quedarse en la playa para siempre, pero también sabía que ese lugar siempre estaría con él, en su memoria, como una melodía suave que nunca se desvanece.

Cuando finalmente llegó al otro extremo de la playa, donde las rocas se alzaban altas y oscuras, se detuvo y miró hacia atrás. El bote en el horizonte había desaparecido, pero el mar seguía su murmullo constante, como una conversación eterna entre la tierra y el agua.

El hombre respiró profundamente y sintió cómo el aire salado llenaba sus pulmones. Estaba listo para regresar, pero esta vez, lo haría con una nueva comprensión, un nuevo sentido de propósito. Había venido a la playa buscando algo, y aunque no sabía exactamente qué era, sentía que lo había encontrado en la simplicidad de las olas, en el mensaje dentro de la botella, en la paz que había sentido mientras caminaba por la arena.

Con un último vistazo al mar, el hombre se dio la vuelta y comenzó su camino de regreso. El sol se había puesto por completo, y las estrellas comenzaban a brillar en el cielo oscuro. La playa quedaba atrás, pero su espíritu, su esencia, se había impregnado en él, como un susurro que siempre lo acompañaría, recordándole que no importa dónde esté, siempre habrá una playa escondida en algún rincón de su corazón.

The Echo of the Waves

There was a hidden beach, a secret place where nature whispered ancient truths that the wind had forgotten to carry away. It wasn't on any map, nor was it known by many, but those who found it knew they had stumbled upon something magical, a place where time seemed to stand still and worries faded away like footprints in the sand.

One afternoon, just as the sun began to set, a man arrived at that beach. He had heard stories about it, rumors of its existence, but had never been sure if it was real or just a tale to fuel the imagination. However, upon arriving there, he knew in his heart that this was the place he had been searching for, perhaps unknowingly, his entire life.

He was a simple man, with the weight of years etched on his face. His hair, gray like ash, moved gently with the sea breeze. He had walked along many shores in his life, but none like this. He took off his shoes and felt the cold sand beneath his feet, a comforting contrast to the heat of the day that was slowly fading away.

He walked to the shore, where the waves gently broke, as if afraid to disturb the peace of the place. He stood there in silence, watching the endless sea, and in his mind, he recalled the days of his youth, the dreams he had chased and those he had left behind. He had come to this beach searching for something, though he wasn't sure what.

In the distance, a small boat appeared on the horizon, barely visible. It seemed to glide effortlessly, as if guided by an invisible force, a subtle current that knew exactly where it needed to go. The man watched the boat intently, feeling a strange connection with it. He wondered if, like him, it too was searching for a destination.

The sky began to paint itself in the colors of the sunset, and the beach was bathed in golden and violet hues. Seagulls flew in circles, their wings silhouetted against the horizon, and the sound of the sea grew deeper, like a heartbeat resonating from the depths of the earth.

The man decided to walk along the beach, following the water's edge. With each step, the waves lapped at his feet, and the cold of the wet sand gave him a sense of being in touch with something primordial, something that had been there long before he arrived and would still be there long after he was gone.

As he walked, he saw something in the distance, a small object moving with the waves. He approached slowly and discovered that it was an old glass bottle, worn by time. He picked it up and noticed that inside was a piece of paper. Carefully, he unscrewed the cap and took out the paper, which was wrinkled and yellowed, as if it had been there for years.

The message was simple, written in shaky handwriting, as if the hand that had written it was nervous or excited. It read: "No matter where you go, you will always carry with you the waves of the place where you grew up."

The man stared at the message for a long time, feeling how those words resonated within him. He didn't know the story of the person who had written those lines, but somehow, he felt they were speaking directly to him. It was as if the sea had delivered him a reminder, an echo of something he had forgotten.

He tucked the note into his pocket and continued walking, feeling that with each step, he was leaving behind a part of himself, a part he no longer needed. The sun was about to disappear completely, and the shadows were lengthening over the sand. The man knew he couldn't stay on the beach forever, but he also knew that this place would always be with him, in his memory, like a soft melody that never fades.

When he finally reached the other end of the beach, where the rocks stood tall and dark, he stopped and looked back. The boat on the horizon had disappeared, but the sea continued its constant murmur, like an eternal conversation between the earth and the water.

The man took a deep breath and felt the salty air fill his lungs. He was ready to return, but this time, he would do so with a new understanding, a new sense of purpose. He had come to the beach searching for something, and though he wasn't exactly sure what it was, he felt he had found it in the simplicity of the waves, in the message inside the bottle, in the peace he had felt while walking on the sand.

With one last look at the sea, the man turned and began his way back. The sun had completely set, and the stars were beginning to shine in the dark sky. The beach was left behind, but its spirit, its essence, had been imprinted on him, like a whisper that would always accompany him, reminding him that no matter where he was, there would always be a hidden beach in some corner of his heart.

El vuelo de María

María vivía en un pequeño pueblo rodeado de montañas, un lugar donde el viento susurraba secretos antiguos a quienes sabían escuchar. Las casas, con sus techos de tejas rojas, parecían abrazarse unas a otras, formando un entramado de calles estrechas que llevaban siempre al corazón del pueblo: la plaza.

Desde que era niña, María se sentía diferente, como si no encajara del todo en ese mundo pequeño y predecible. Mientras otros niños jugaban y reían, ella se encontraba a menudo perdida en sus pensamientos, soñando con lugares lejanos, con aventuras que solo existían en su imaginación. Las montañas que rodeaban el pueblo, con sus picos altos y escarpados, eran para ella no solo un límite físico, sino una barrera invisible que le impedía volar.

Pasaban los años, y María seguía sintiendo esa inquietud en su interior, un deseo constante de algo más, algo que no sabía cómo definir. La gente del pueblo la conocía como una joven tranquila, amable y trabajadora, pero pocos entendían la intensidad con la que su corazón latía, ansioso por descubrir el mundo más allá de esas montañas.

Un día, mientras caminaba sola por un sendero que bordeaba el bosque, María encontró algo que cambiaría su vida para siempre. Entre las raíces de un viejo roble, vio algo que brillaba con un destello dorado. Se agachó y, con cuidado, desenterró una pequeña llave antigua, decorada con intrincados grabados que le recordaban a las alas de un pájaro.

María observó la llave con curiosidad. No tenía idea de lo que podría abrir, pero en su corazón sintió que era un signo, una señal de que algo importante estaba a punto de suceder. Guardó la llave en su bolsillo y siguió caminando, sintiendo que el peso de la llave era, de alguna manera, el peso de un destino que debía descubrir.

Al día siguiente, decidió regresar al lugar donde había encontrado la llave. Sentía que ese era el primer paso hacia algo más grande. El sendero la llevó más lejos de lo que había esperado, adentrándose en el bosque hasta que, finalmente, llegó a una cueva escondida entre las rocas. Nunca antes había visto esa cueva, a pesar de que conocía bien la zona. Sin embargo, algo en su interior le decía que esa cueva había estado esperándola.

Con el corazón latiendo rápido, María entró en la cueva. La oscuridad la envolvió por un momento, pero sus ojos se adaptaron pronto a la penumbra. Al fondo de la cueva, vio algo que la hizo detenerse. Era una puerta, antigua y desgastada, con el mismo patrón de alas que había visto en la llave.

María sacó la llave de su bolsillo y, con manos temblorosas, la insertó en la cerradura. Con un suave clic, la puerta se abrió, revelando una escalera que descendía hacia lo desconocido. María sintió una mezcla de miedo y emoción, pero sabía que no podía dar marcha atrás.

Descendió la escalera, sintiendo cómo el aire se volvía más frío y húmedo. Cada paso la llevaba más lejos de su mundo familiar, pero también más cerca de algo que siempre había anhelado. Al final de la escalera, la oscuridad dio paso a una suave luz dorada. María llegó a una habitación grande y circular, cuyo techo estaba decorado con estrellas brillantes que parecían flotar en el aire.

En el centro de la habitación había un pedestal de piedra, y sobre él, un libro antiguo cubierto de polvo. María se acercó y, con un soplo, limpió la superficie del libro, revelando un título grabado en letras doradas: "El Vuelo de los Sueños".

Con manos temblorosas, abrió el libro y comenzó a leer. Las páginas estaban llenas de historias, relatos de personas que, como ella, habían sentido ese deseo profundo de algo más. Hablaban de viajes a tierras lejanas, de aventuras imposibles, pero sobre todo, de la búsqueda de uno mismo. Cada historia parecía hablarle directamente al corazón, como si el libro hubiera sido escrito solo para ella.

María leyó durante horas, sumergida en las historias que resonaban con su propia vida. Finalmente, llegó a la última página. En lugar de palabras, solo había un espejo pequeño. María lo tomó en sus manos y, al mirarse en él, no vio su reflejo, sino la imagen de un pájaro en vuelo, libre y sin ataduras.

De repente, todo tuvo sentido para ella. La llave, la puerta, el libro, todo había sido una manera de mostrarle lo que siempre había sabido en lo más profundo de su ser: que ella también podía volar, que las barreras que la rodeaban no eran más que una ilusión.

Con el espejo aún en sus manos, María cerró los ojos y respiró profundamente. Cuando los abrió de nuevo, ya no estaba en la cueva. Se encontraba en la cima de una montaña, el viento jugando con su cabello y las estrellas brillando sobre su cabeza. No había caminos, ni límites, solo el cielo abierto ante ella.

Sin dudarlo, María extendió los brazos y saltó. Pero en lugar de caer, sintió cómo su cuerpo se aligeraba, cómo el aire la sostenía. Miró hacia abajo y vio que ya no era la joven del pueblo; era un pájaro, con alas fuertes y brillantes, surcando el cielo con la libertad que siempre había soñado.

Voló durante lo que parecieron horas, días, tal vez incluso años. Exploró tierras desconocidas, cruzó océanos inmensos, y vio cosas que nunca habría imaginado. Pero lo más importante, descubrió que el verdadero viaje no era hacia el exterior, sino hacia su propio interior. Cada vuelo la llevaba más cerca de sí misma, de entender quién era realmente y qué quería en la vida.

Finalmente, después de lo que pareció una eternidad, María sintió que era hora de regresar. Aterrizó suavemente en la plaza del pueblo, donde todo seguía igual, como si no hubiera pasado el tiempo. Pero ella sabía que había cambiado, que ya no era la misma.

Con una sonrisa en el rostro, caminó por las calles conocidas, sintiendo la paz en su corazón. Sabía que el vuelo no había sido solo un sueño, sino una realidad que siempre llevaría dentro de ella. Y aunque ahora estaba de vuelta en su hogar, sabía que podía volar en cualquier momento, que las montañas ya no eran una barrera, sino un recordatorio de lo lejos que había llegado.

Desde ese día, María vivió su vida con una nueva perspectiva. Seguía siendo la joven tranquila y amable que todos conocían, pero en su mirada había una chispa de algo más, un conocimiento profundo de que la verdadera libertad no se encuentra en escapar de lo conocido, sino en descubrir la fuerza interior que nos permite volar.

Cada vez que el viento soplaba entre las montañas, María sonreía, sabiendo que era un susurro del cielo, recordándole que siempre podía abrir sus alas y volar. Y aunque ya no necesitaba alejarse para encontrar su camino, sabía que en su corazón, siempre habría un pájaro en vuelo, recordándole que su verdadero hogar estaba en el aire, en la libertad de ser quien realmente era.

Maria's Flight

Maria lived in a small town surrounded by mountains, a place where the wind whispered ancient secrets to those who knew how to listen. The houses, with their red-tiled roofs, seemed to embrace each other, forming a network of narrow streets that always led to the heart of the town: the square.

Since she was a child, Maria had felt different, as if she didn't quite fit into that small, predictable world. While other children played and laughed, she often found herself lost in her thoughts, dreaming of faraway places, of adventures that existed only in her imagination. The mountains that surrounded the town, with their tall, rugged peaks, were not just a physical boundary for her but an invisible barrier that kept her from flying.

Years passed, and Maria continued to feel that restlessness inside, a constant longing for something more, something she didn't know how to define. The people in the town knew her as a quiet, kind, and hardworking young woman, but few understood the intensity with which her heart beat, eager to discover the world beyond those mountains.

One day, while walking alone along a path that bordered the forest, Maria found something that would change her life forever. Among the roots of an old oak tree, she saw something shining with a golden glint. She bent down and carefully unearthed a small, ancient key, decorated with intricate engravings that reminded her of a bird's wings.

Maria looked at the key with curiosity. She had no idea what it could unlock, but in her heart, she felt it was a sign, a signal that something important was about to happen. She put the key in her pocket and continued walking, feeling that the weight of the key was, in some way, the weight of a destiny she needed to discover.

The next day, she decided to return to the place where she had found the key. She felt that this was the first step toward something greater. The path took her further than she had expected, deeper into the forest until she finally reached a cave hidden among the rocks. She had never seen this cave before, even though she knew the area well. However, something inside her told her that this cave had been waiting for her.

With her heart pounding, Maria entered the cave. Darkness enveloped her for a moment, but her eyes soon adjusted to the dim light. At the back of the cave, she saw something that made her stop. It was a door, old and worn, with the same winged pattern she had seen on the key.

Maria took the key from her pocket and, with trembling hands, inserted it into the lock. With a soft click, the door opened, revealing a staircase that descended into the unknown. Maria felt a mix of fear and excitement, but she knew she couldn't turn back.

She descended the staircase, feeling the air grow colder and more humid. Each step took her further away from her familiar world, but also closer to something she had always longed for. At the bottom of the stairs, the darkness gave way to a soft golden light.

Maria entered a large, circular room, the ceiling of which was decorated with bright stars that seemed to float in the air.

In the center of the room was a stone pedestal, and on it, an old book covered in dust. Maria approached it and, with a gentle breath, cleared the dust from the surface of the book, revealing a title engraved in golden letters: "The Flight of Dreams."

With trembling hands, she opened the book and began to read. The pages were filled with stories, tales of people who, like her, had felt that deep longing for something more. They spoke of journeys to distant lands, of impossible adventures, but above all, of the search for oneself. Each story seemed to speak directly to her heart, as if the book had been written just for her.

Maria read for hours, immersed in the stories that resonated with her own life. Finally, she reached the last page. Instead of words, there was only a small mirror. Maria took it in her hands, and when she looked into it, she didn't see her reflection but the image of a bird in flight, free and unbound.

Suddenly, everything made sense to her. The key, the door, the book, it had all been a way of showing her what she had always known deep down: that she too could fly, that the barriers surrounding her were nothing but an illusion.

Still holding the mirror, Maria closed her eyes and took a deep breath. When she opened them again, she was no longer in the cave. She was on top of a mountain, the wind playing with her hair, and the stars shining above her head. There were no paths, no limits, just the open sky before her.

Without hesitation, Maria spread her arms and jumped. But instead of falling, she felt her body grow lighter, felt the air holding her up. She looked down and saw that she was no longer the young woman from the town; she was a bird, with strong, bright wings, soaring through the sky with the freedom she had always dreamed of.

She flew for what seemed like hours, days, maybe even years. She explored unknown lands, crossed vast oceans, and saw things she had never imagined. But most importantly, she discovered that the true journey was not outward but inward. Each flight brought her closer to herself, to understanding who she really was and what she wanted in life.

Finally, after what seemed like an eternity, Maria felt it was time to return. She landed gently in the town square, where everything was the same as if no time had passed. But she knew she had changed, that she was no longer the same.

With a smile on her face, she walked through the familiar streets, feeling peace in her heart. She knew that the flight had not been just a dream but a reality she would always carry within her. And though she was now back in her home, she knew she could fly at any moment, that the mountains were no longer a barrier but a reminder of how far she had come.

From that day on, Maria lived her life with a new perspective. She remained the quiet, kind young woman everyone knew, but there was a spark of something more in her eyes, a deep knowledge that true freedom is not found in escaping the known but in discovering the inner strength that allows us to fly.

Every time the wind blew through the mountains, Maria smiled, knowing it was a whisper from the sky, reminding her that she could always spread her wings and fly. And though she no longer needed to go far to find her way, she knew that in her heart, there would always be a bird in flight, reminding her that her true home was in the air, in the freedom to be who she truly was.

El susurro de la medianoche

En un pequeño pueblo escondido entre colinas, donde los días pasaban con la monotonía de las campanas que marcaban las horas, existía una leyenda que pocos se atrevían a mencionar. Se decía que cuando el reloj de la torre daba la última campanada de la medianoche, un susurro misterioso recorría las calles empedradas, y aquellos que lo escuchaban eran llevados a un lugar donde sus deseos más profundos se hacían realidad.

Lucía, una joven de cabello oscuro y ojos llenos de curiosidad, había oído esa leyenda desde niña. Aunque muchos la consideraban un simple cuento para asustar a los niños, en su interior, Lucía sentía que había algo más. Había algo en la quietud de la medianoche que siempre la había fascinado, una magia silenciosa que parecía envolver todo a su alrededor.

Cada noche, desde su ventana, observaba cómo el pueblo se sumergía en el silencio, esperando que el reloj marcara las doce. La luna, en su fase menguante, arrojaba sombras largas y delgadas sobre las casas y las calles desiertas. Lucía solía imaginar qué podría suceder si alguna vez se atreviera a salir en ese momento, a caminar bajo el manto de la medianoche y descubrir si la leyenda era cierta.

Una noche, incapaz de resistir más la tentación, decidió hacerlo. Cuando la casa quedó en completo silencio y solo se oían los leves ronquidos de su abuela en la habitación contigua, Lucía se deslizó fuera de la cama, se puso su capa más gruesa, y salió sigilosamente al frío aire nocturno.

La luna estaba alta en el cielo, y las estrellas brillaban con una claridad que pocas veces había visto. El pueblo parecía diferente, casi irreal bajo esa luz plateada. Con el corazón latiendo con fuerza, Lucía comenzó a caminar por las calles vacías, sus pasos resonando suavemente en los adoquines.

Al llegar a la plaza central, donde la torre del reloj se alzaba imponente, se detuvo y esperó. El silencio era absoluto, como si el mundo entero contuviera la respiración en ese momento. Faltaban solo unos minutos para la medianoche, y Lucía sentía que algo estaba a punto de suceder.

Finalmente, el reloj dio la primera campanada. El sonido resonó en la oscuridad, profundo y reverberante. Lucía cerró los ojos, concentrándose en el eco que parecía extenderse por todo el pueblo. Una segunda campanada, luego una tercera. Con cada campanada, sentía que el aire a su alrededor cambiaba, se volvía más denso, cargado de una energía desconocida.

Cuando la duodécima campanada resonó, el susurro llegó. Era apenas un murmullo, como el roce de las hojas en otoño, pero lleno de promesas y secretos. Lucía abrió los ojos y miró a su alrededor. El pueblo, que hasta hace un momento parecía tan familiar, ahora se veía diferente, envuelto en una bruma suave que lo hacía parecer parte de un sueño.

Sin dudarlo, siguió el susurro. Este la llevó fuera de la plaza, por calles que parecían alargarse y cambiar de forma a cada paso. El camino la condujo hasta un pequeño puente de piedra que cruzaba un arroyo, un lugar que Lucía conocía bien, pero que ahora parecía tener un brillo especial, como si estuviera iluminado desde dentro.

Al cruzar el puente, se encontró en un bosque que nunca antes había visto. Los árboles, altos y majestuosos, se alzaban hacia el cielo, y sus ramas formaban un dosel que dejaba pasar la luz de la luna en finos rayos plateados. El susurro continuaba, guiándola a través del bosque, hasta que llegó a un claro.

En el centro del claro, había un estanque de aguas tan cristalinas que reflejaban el cielo estrellado con una perfección asombrosa. Lucía se acercó y se arrodilló junto al estanque. El susurro la rodeaba, envolviéndola en una sensación de paz y comprensión.

De repente, el agua del estanque comenzó a moverse, formando pequeñas ondas que se expandían hacia afuera. En el centro, una figura comenzó a emerger, como si se formara a partir del agua misma. Era una mujer, de aspecto etéreo, con cabellos largos que flotaban como hilos de plata y ojos tan profundos como la noche.

—¿Quién eres? —preguntó Lucía, su voz apenas un susurro.

—Soy la guardiana de los deseos, —respondió la figura, con una voz que era un eco del susurro que había seguido—. He venido a ti porque has escuchado el llamado de la medianoche. ¿Qué es lo que deseas, Lucía?

Lucía sintió un nudo en la garganta. Había tantas cosas que deseaba, tantas preguntas sin respuesta. Pero, en ese momento, solo una pregunta se formó en su mente.

—¿Es real todo esto? —preguntó, sus palabras llenas de duda y esperanza.

La guardiana sonrió, una sonrisa que parecía contener la sabiduría de mil años.

—Lo real y lo imaginario se encuentran en un lugar donde las fronteras se desvanecen, —dijo—. Ese lugar es el corazón. Lo que has visto, lo que has sentido, es tan real como tú quieras que sea. Pero recuerda, Lucía, los deseos tienen poder, y con ellos vienen responsabilidades.

Lucía asintió, comprendiendo de alguna manera lo que la guardiana quería decir. Sabía que sus deseos podían cambiar su vida, pero también que debía ser cuidadosa con lo que pedía.

—Quiero encontrar mi propósito, —dijo finalmente, con una firmeza que la sorprendió.

La guardiana inclinó la cabeza en señal de respeto.

—Ese es un deseo noble, y te guiará en tu camino. Pero recuerda, el propósito no es algo que se encuentra, sino algo que se crea con cada elección, con cada paso que das.

Con esas palabras, la guardiana comenzó a desvanecerse, su forma disolviéndose en el aire como la niebla al amanecer. El susurro se desvaneció con ella, y el bosque se volvió silencioso una vez más.

Lucía se quedó junto al estanque, mirando las aguas quietas, reflexionando sobre lo que había escuchado. Sentía que algo había cambiado dentro de ella, una nueva claridad que no había tenido antes. Comprendió que la búsqueda de su propósito no sería un camino recto, sino un viaje lleno de desafíos y descubrimientos. Pero, por primera vez, no tenía miedo. Sabía que tenía la fuerza para encontrar su camino, para crear su destino.

Finalmente, se levantó y comenzó a caminar de regreso al pueblo. El bosque, que antes parecía tan extraño y misterioso, ahora le resultaba acogedor, como si formara parte de ella. Cuando llegó al puente, el cielo comenzaba a clarear, anunciando la llegada del amanecer. El susurro de la medianoche había terminado, pero su eco permanecía en su corazón, guiándola hacia un nuevo día.

Desde esa noche, Lucía nunca volvió a ser la misma. La gente del pueblo notó el cambio en ella, una confianza y serenidad que irradiaba en todo lo que hacía. Ya no se preocupaba por lo que otros pensaran, ni temía a lo desconocido. Había encontrado algo más valioso: la certeza de que su vida tenía un propósito, y que cada paso que daba la acercaba a él.

Las noches seguían pasando, y el reloj de la torre continuaba marcando la medianoche, pero Lucía ya no sentía la necesidad de salir en busca del susurro. Sabía que, aunque no lo escuchara, siempre estaría allí, esperándola, listo para guiarla si alguna vez lo necesitaba.

El pueblo, con sus colinas y sus casas antiguas, seguía siendo el mismo lugar tranquilo de siempre, pero para Lucía, había adquirido un nuevo significado. Comprendió que el susurro de la medianoche no era solo una llamada a la aventura, sino una invitación a descubrirse a sí misma, a explorar los rincones más profundos de su ser.

Cada día, Lucía despertaba con un nuevo propósito, con la certeza de que estaba creando su camino, un camino único que solo ella podía recorrer. Y aunque no sabía a dónde la llevaría, estaba segura de que, al final, encontraría lo que buscaba.

Así, la vida de Lucía se llenó de pequeñas aventuras, de momentos en los que la magia de la medianoche se filtraba en su día a día, recordándole que, aunque el mundo a su alrededor pudiera parecer estático, en su interior siempre habría un espacio para los sueños, para los deseos y para la creación de un destino propio.

La leyenda del susurro de la medianoche continuó en el pueblo, pero solo unos pocos sabían la verdad. Para Lucía, no había sido solo un mito, sino el comienzo de un viaje que transformó su vida. Y cada vez que miraba hacia la torre del reloj, recordaba aquella noche en la que se atrevió a seguir el susurro y encontró, no solo respuestas, sino la libertad de ser quien realmente era.

The Whisper of Midnight

In a small village hidden among hills, where days passed with the monotony of the bells marking the hours, there was a legend that few dared to mention. It was said that when the clock tower struck the last chime of midnight, a mysterious whisper would sweep through the cobblestone streets, and those who heard it were taken to a place where their deepest desires became reality.

Lucía, a young woman with dark hair and eyes full of curiosity, had heard this legend since childhood. While many considered it a mere tale to scare children, deep down, Lucía felt there was something more to it. There was something about the stillness of midnight that had always fascinated her, a silent magic that seemed to envelop everything around her.

Every night, from her window, she watched as the village sank into silence, waiting for the clock to strike twelve. The moon, in its waning phase, cast long, thin shadows over the houses and deserted streets. Lucía often imagined what might happen if she ever dared to step outside at that moment, to walk under the mantle of midnight and discover if the legend was true.

One night, unable to resist the temptation any longer, she decided to do it. When the house was completely silent and only the soft snores of her grandmother in the next room could be heard, Lucía slipped out of bed, put on her thickest cloak, and quietly stepped into the cold night air.

The moon was high in the sky, and the stars shone with a clarity she had rarely seen. The village seemed different, almost unreal under that silvery light. With her heart pounding, Lucía began to walk through the empty streets, her steps echoing softly on the cobblestones.

When she reached the central square, where the clock tower stood tall, she stopped and waited. The silence was absolute, as if the whole world was holding its breath at that moment. There were only a few minutes left until midnight, and Lucía felt that something was about to happen.

Finally, the clock struck the first chime. The sound resonated in the darkness, deep and reverberating. Lucía closed her eyes, focusing on the echo that seemed to spread throughout the village. A second chime, then a third. With each chime, she felt the air around her change, becoming denser, charged with an unknown energy.

When the twelfth chime sounded, the whisper arrived. It was barely a murmur, like the rustling of leaves in autumn, but full of promises and secrets. Lucía opened her eyes and looked around. The village, which had seemed so familiar just moments ago, now looked different, wrapped in a soft mist that made it seem like part of a dream.

Without hesitation, she followed the whisper. It led her out of the square, down streets that seemed to stretch and change shape with every step. The path took her to a small stone bridge that crossed a stream, a place Lucía knew well, but which now seemed to have a special glow, as if it were lit from within.

Crossing the bridge, she found herself in a forest she had never seen before. The trees, tall and majestic, reached up to the sky, and their branches formed a canopy that let the moonlight filter through in thin, silvery rays. The whisper continued, guiding her through the forest until she reached a clearing.

In the center of the clearing was a pond with waters so clear they reflected the starry sky with astonishing perfection. Lucía approached and knelt beside the pond. The whisper surrounded her, enveloping her in a feeling of peace and understanding.

Suddenly, the water in the pond began to move, forming small ripples that spread outward. In the center, a figure began to emerge, as if forming from the water itself. It was a woman, with an ethereal appearance, with long hair that floated like threads of silver and eyes as deep as the night.

"Who are you?" Lucía asked, her voice barely a whisper.

"I am the guardian of wishes," the figure replied, her voice an echo of the whisper Lucía had followed. "I have come to you because you have heard the call of midnight. What is it you desire, Lucía?"

Lucía felt a lump in her throat. There were so many things she desired, so many unanswered questions. But at that moment, only one question formed in her mind.

"Is this real?" she asked, her words full of doubt and hope.

The guardian smiled, a smile that seemed to hold the wisdom of a thousand years.

"The real and the imaginary meet in a place where the boundaries fade," she said. "That place is the heart. What you have seen, what you have felt, is as real as you want it to be. But remember, Lucía, wishes have power, and with them come responsibilities."

Lucía nodded, somehow understanding what the guardian meant. She knew that her wishes could change her life, but also that she had to be careful with what she asked for.

"I want to find my purpose," she finally said, with a firmness that surprised her.

The guardian bowed her head in respect.

"That is a noble wish, and it will guide you on your path. But remember, purpose is not something to be found, but something to be created with every choice, with every step you take."

With those words, the guardian began to fade, her form dissolving into the air like mist at dawn. The whisper faded with her, and the forest became silent once more.

Lucía stayed by the pond, gazing at the still waters, reflecting on what she had heard. She felt that something had changed within her, a new clarity she hadn't had before. She understood that the search for her purpose would not be a straight path, but a journey full of challenges and discoveries. But for the first time, she wasn't afraid. She knew she had the strength to find her way, to create her destiny.

Finally, she stood up and began to walk back to the village. The forest, which had seemed so strange and mysterious before, now felt welcoming, as if it were part of her. When she reached the bridge, the sky was beginning to lighten, heralding the arrival of dawn. The whisper of midnight had ended, but its echo remained in her heart, guiding her towards a new day.

From that night on, Lucía was never the same. The people in the village noticed the change in her, a confidence and serenity that radiated in everything she did. She no longer worried about what others thought, nor feared the unknown. She had found something more valuable: the certainty that her life had a purpose, and that every step she took brought her closer to it.

The nights continued to pass, and the clock tower kept striking midnight, but Lucía no longer felt the need to go out in search of the whisper. She knew that even if she didn't hear it, it would always be there, waiting for her, ready to guide her if she ever needed it.

The village, with its hills and old houses, remained the same peaceful place as always, but for Lucía, it had acquired a new meaning. She understood that the whisper of midnight was not just a call to adventure, but an invitation to discover herself, to explore the deepest corners of her being.

Every day, Lucía woke up with a new purpose, with the certainty that she was creating her path, a unique path that only she could walk. And although she didn't know where it would lead her, she was sure that in the end, she would find what she was looking for.

Thus, Lucía's life filled with small adventures, moments when the magic of midnight seeped into her daily life, reminding her that although the world around her might seem static, there would always be room for dreams, for wishes, and for the creation of her own destiny.

The legend of the whisper of midnight continued in the village, but only a few knew the truth. For Lucía, it hadn't been just a myth, but the beginning of a journey that transformed her life. And every time she looked at the clock tower, she remembered that night when she dared to follow the whisper and found not only answers but the freedom to be who she truly was.

El León y la Flor Marchita

Había una vez, en lo más profundo de la vasta sabana, un león que caminaba solo. Su melena dorada ondeaba al viento, y sus ojos dorados reflejaban la majestuosidad del sol poniente. Era un león fuerte, poderoso, pero también muy solitario. Los otros animales de la sabana lo admiraban desde la distancia, pero nadie se atrevía a acercarse. No era por temor a su fuerza o a su rugido, sino porque el león había construido un muro invisible a su alrededor, un muro hecho de silencio y distancia.

Este león, llamado Asad, no siempre había estado solo. Había crecido en una manada numerosa, rodeado de su familia y amigos. Pero, con el paso del tiempo, la vida le había arrebatado a cada uno de sus seres queridos. Uno tras otro, se fueron alejando, ya fuera por la vejez, por las batallas inevitables en la naturaleza o por el simple paso del tiempo que a nadie perdona. Asad se encontró un día sin nadie a su lado, y fue entonces cuando decidió alejarse de todo lo que alguna vez había conocido.

Se trasladó a una parte remota de la sabana, donde las colinas se fundían con el cielo y donde los árboles eran escasos. Allí, entre las rocas y las praderas solitarias, hizo su hogar. Pero aunque la soledad le daba una especie de paz, también le hacía sentir que algo faltaba en su vida. Su corazón, tan lleno de fuerza, empezaba a vaciarse de alegría.

Un día, mientras caminaba por su territorio, Asad notó algo que lo detuvo en seco. Entre las rocas, había una pequeña flor marchita. No era más grande que una de sus garras, y sus pétalos amarillos se habían marchitado bajo el sol implacable. Aun así, algo en esa flor lo atrajo. Tal vez era su fragilidad, su lucha por sobrevivir en un entorno tan duro, que de alguna manera reflejaba lo que él sentía en su interior.

Asad se acercó con cuidado, temeroso de que incluso su aliento pudiera terminar de marchitarla. Se tumbó cerca de la flor y la observó durante un largo rato. Por primera vez en mucho tiempo, sintió una chispa de compasión. ¿Cómo algo tan pequeño y delicado podía sobrevivir en un lugar tan inhóspito?

Esa noche, el león no pudo dormir. Su mente seguía volviendo a la imagen de la pequeña flor marchita. ¿Cómo había llegado hasta allí? ¿Y por qué él, un león que había aprendido a endurecer su corazón contra el dolor, se preocupaba por ella?

Los días pasaron, y Asad volvió a visitar la flor. A veces la encontraba aún más marchita, luchando por mantenerse en pie contra el viento y el calor. Otras veces parecía que, a pesar de todo, un leve rayo de esperanza la mantenía viva. El león se quedó con la flor, día tras día, y poco a poco, algo en él empezó a cambiar.

Comenzó a buscar agua en los lugares más lejanos de su territorio, llevándola en sus potentes mandíbulas en pequeños recipientes que encontraba en la sabana, como cáscaras de frutos secos o conchas abandonadas. La llevaba con cuidado hasta la flor y la vertía con gentileza en la tierra reseca que la rodeaba. No sabía si eso ayudaría, pero sentía que debía intentarlo.

Con el tiempo, la flor dejó de marchitarse. Sus pétalos amarillos, que antes estaban opacos y quebradizos, empezaron a recuperar su color. La flor se irguió un poco más, como si reconociera el esfuerzo del león. Asad, a su vez, se sintió más vivo. Cada vez que veía a la flor crecer, una sensación de calidez llenaba su corazón, algo que no había sentido en años.

Los animales de la sabana observaban desde lejos, asombrados por el cambio en el león. Ya no vagaba solo con la mirada perdida. Ahora, sus ojos brillaban con un propósito nuevo, uno que había encontrado en la simple tarea de cuidar algo más débil que él.

Un día, mientras Asad estaba tumbado junto a la flor, sintió una presencia cerca. Era un pequeño ratón, que se había acercado silenciosamente. El ratón lo miró con curiosidad y luego se acercó a la flor, oliendo sus pétalos.

—Es hermosa, ¿verdad? —dijo el ratón, con una voz suave pero segura.

Asad asintió, sorprendido de que alguien más se hubiera acercado tanto.

—Lo es, —respondió, su voz ronca por la falta de uso—. Y frágil.

El ratón sonrió y se sentó junto a la flor.

—Las cosas más bellas a menudo lo son. Pero también son las más valiosas, porque requieren cuidado y protección.

Asad reflexionó sobre las palabras del ratón. Nunca había pensado en la fragilidad de esa manera. Durante tanto tiempo había visto la fuerza como lo más importante, pero ahora se daba cuenta de que había otra clase de fortaleza, una que no consistía en poder, sino en el amor y la dedicación.

Desde ese día, el ratón se convirtió en un visitante frecuente. A menudo se sentaba junto a Asad, hablando en voz baja sobre las maravillas de la sabana, sobre las lluvias que llegarían, y sobre cómo la vida siempre encontraba una manera de persistir, incluso en los lugares más inesperados. Asad escuchaba, y aunque no siempre respondía, sentía que las palabras del ratón le traían consuelo.

La flor continuó floreciendo, y con ella, el corazón del león. Asad se dio cuenta de que, en su intento de protegerse del dolor, se había cerrado a todo lo que hacía la vida hermosa. Al cuidar de la flor, había redescubierto una parte de sí mismo que pensaba que había perdido para siempre.

Un día, el ratón llegó con una semilla en sus pequeñas patas.

—Esto es para ti, Asad, —dijo, ofreciéndosela—. Es una semilla de la misma especie que esta flor. Si la plantas, crecerá otra flor, y así nunca estarás solo.

Asad tomó la semilla con suavidad, agradecido.

—Gracias, —dijo—. Cuidaré de ella como lo he hecho con esta flor.

Y así lo hizo. Asad plantó la semilla cerca de la flor original y la cuidó con el mismo esmero. Con el tiempo, la nueva flor comenzó a brotar, y pronto, la pradera solitaria que una vez había sido su hogar se llenó de color. La tierra que antes parecía estéril ahora florecía con vida, y los otros animales, que antes lo habían evitado, comenzaron a acercarse, atraídos por la belleza del lugar y por la presencia del león, que ya no era el solitario rey de la sabana, sino su protector.

Asad descubrió que al abrir su corazón y cuidar de otros, había encontrado una nueva familia en la naturaleza. Los animales, grandes y pequeños, se reunían alrededor de él, compartiendo historias, buscando consejo, y ofreciéndole su compañía. El león, que una vez había temido la pérdida y el dolor, ahora entendía que la verdadera fuerza no estaba en evitar el sufrimiento, sino en abrirse al amor y al cuidado, a pesar de los riesgos.

Así, el león que había vivido solo durante tanto tiempo se convirtió en el corazón de la sabana. Y aunque nunca olvidó a los que había perdido, comprendió que la vida no era solo sobrevivir, sino también cuidar, proteger, y encontrar belleza incluso en los lugares más oscuros.

Cada vez que miraba las flores que ahora crecían en su hogar, recordaba su viaje. Recordaba a la pequeña flor marchita que le había mostrado el poder de la compasión, y al ratón que le había enseñado el valor de la amistad. Y sobre todo, recordaba que la verdadera grandeza no reside en el poder, sino en la capacidad de amar y cuidar.

Con el tiempo, la historia del león y la flor marchita se extendió por toda la sabana. Los animales la contaban como un ejemplo de cómo incluso el más fuerte puede aprender a ser vulnerable, y cómo en esa vulnerabilidad se encuentra la verdadera fortaleza. Y cada vez que una nueva flor florecía en la sabana, se veía como un símbolo de la renovación y la esperanza, un recordatorio de que incluso en los lugares más solitarios y áridos, la vida siempre puede encontrar una manera de florecer.

El león, que una vez había caminado solo, ahora nunca estaba sin compañía. Rodeado de amigos y de la belleza que había ayudado a crear, Asad vivió el resto de sus días en paz, sabiendo que había encontrado su verdadero propósito: no en la soledad, sino en el amor y la conexión con los demás.

Y así, bajo el sol brillante de la sabana, entre las flores que llenaban el aire con su dulce fragancia, el león finalmente encontró la paz que había estado buscando. No era la paz de la soledad, sino la paz de un corazón abierto, lleno de amor y gratitud por todo lo que la vida le había dado, y por todo lo que él había aprendido a dar a cambio.

The Lion and the Wilted Flower

<hr>

Once upon a time, deep in the vast savanna, there was a lion who walked alone. His golden mane fluttered in the wind, and his golden eyes reflected the majesty of the setting sun. He was a strong, powerful lion, but also very lonely. The other animals of the savanna admired him from afar, but no one dared to approach. It wasn't because they feared his strength or roar, but because the lion had built an invisible wall around himself, a wall made of silence and distance.

This lion, named Asad, hadn't always been alone. He had grown up in a large pride, surrounded by family and friends. But over time, life had taken each of his loved ones away. One by one, they departed, whether due to old age, inevitable battles in nature, or simply the relentless passage of time that spares no one. Asad found himself one day with no one by his side, and that was when he decided to distance himself from everything he had once known.

He moved to a remote part of the savanna, where the hills merged with the sky and where trees were sparse. There, among the rocks and lonely plains, he made his home. But although solitude gave him a kind of peace, it also made him feel that something was missing in his life. His heart, so full of strength, began to empty of joy.

One day, as he was walking through his territory, Asad noticed something that stopped him in his tracks. Among the rocks was a small wilted flower. It wasn't larger than one of his claws, and its yellow petals had withered under the relentless sun. Yet something about that flower drew him in. Perhaps it was its fragility, its struggle to survive in such a harsh environment, which somehow reflected what he felt inside.

Asad approached carefully, afraid that even his breath might finish wilting it. He lay down near the flower and watched it for a long time. For the first time in a long time, he felt a spark of compassion. How could something so small and delicate survive in such an inhospitable place?

That night, the lion couldn't sleep. His mind kept returning to the image of the small wilted flower. How had it gotten there? And why did he, a lion who had learned to harden his heart against pain, care about it?

Days passed, and Asad continued to visit the flower. Sometimes he found it even more withered, struggling to stand against the wind and heat. Other times, it seemed that despite everything, a faint ray of hope kept it alive. The lion stayed with the flower day after day, and slowly, something in him began to change.

He started searching for water in the farthest parts of his territory, carrying it in his powerful jaws in small containers he found in the savanna, like dried fruit shells or abandoned shells. He carefully brought it to the flower and gently poured it into the parched soil around it. He didn't know if it would help, but he felt he had to try.

Over time, the flower stopped wilting. Its yellow petals, once dull and brittle, began to regain their color. The flower stood a little taller, as if recognizing the lion's effort. Asad, in turn, felt more alive. Every time he saw the flower grow, a warmth filled his heart, something he hadn't felt in years.

The animals of the savanna watched from afar, amazed by the lion's transformation. He no longer wandered alone with a distant gaze. Now, his eyes shone with a new purpose, one he had found in the simple task of caring for something weaker than himself.

One day, as Asad was lying next to the flower, he sensed a presence nearby. It was a small mouse, who had quietly approached. The mouse looked at him curiously and then moved closer to the flower, sniffing its petals.

"It's beautiful, isn't it?" said the mouse, in a soft but confident voice.

Asad nodded, surprised that someone else had come so close.

"It is," he replied, his voice rough from lack of use. "And fragile."

The mouse smiled and sat down next to the flower.

"The most beautiful things often are. But they are also the most valuable because they require care and protection."

Asad pondered the mouse's words. He had never thought of fragility that way. For so long, he had seen strength as the most important thing, but now he realized there was another kind of strength, one that wasn't about power, but about love and dedication.

From that day on, the mouse became a frequent visitor. He often sat next to Asad, talking softly about the wonders of the savanna, about the rains that would come, and about how life always found a way to persist, even in the most unexpected places. Asad listened, and though he didn't always respond, he felt that the mouse's words brought him comfort.

The flower continued to bloom, and with it, the lion's heart. Asad realized that in his attempt to protect himself from pain, he had closed himself off from everything that made life beautiful. By caring for the flower, he had rediscovered a part of himself he thought he had lost forever.

One day, the mouse arrived with a seed in his tiny paws.

"This is for you, Asad," he said, offering it to him. "It's a seed from the same species as this flower. If you plant it, another flower will grow, so you'll never be alone."

Asad gently took the seed, grateful.

"Thank you," he said. "I'll take care of it as I have with this flower."

And so he did. Asad planted the seed near the original flower and tended to it with the same care. Over time, the new flower began to sprout, and soon, the once lonely plain that had been his home was filled with color. The land that once seemed barren now blossomed with life, and the other animals, who had once avoided him, began to approach, drawn by the beauty of the place and the presence of the lion, who was no longer the lonely king of the savanna, but its protector.

Asad discovered that by opening his heart and caring for others, he had found a new family in nature. The animals, big and small, gathered around him, sharing stories, seeking advice, and offering their company. The lion, who had once feared loss and pain, now understood that true strength wasn't in avoiding suffering but in opening oneself to love and care despite the risks.

Thus, the lion who had lived alone for so long became the heart of the savanna. And though he never forgot those he had lost, he understood that life wasn't just about survival, but also about caring, protecting, and finding beauty even in the darkest places.

Every time he looked at the flowers that now grew in his home, he remembered his journey. He remembered the small wilted flower that had shown him the power of compassion and the mouse that had taught him the value of friendship. And above all, he remembered that true greatness lies not in power but in the ability to love and care.

Over time, the story of the lion and the wilted flower spread throughout the savanna. The animals told it as an example of how even the strongest can learn to be vulnerable and how in that vulnerability lies true strength. And every time a new flower bloomed in the savanna, it was seen as a symbol of renewal and hope, a reminder that even in the loneliest and most barren places, life can always find a way to flourish.

The lion, who had once walked alone, was now never without company. Surrounded by friends and the beauty he had helped create, Asad lived out his days in peace, knowing he had found his true purpose—not in solitude, but in love and connection with others.

And so, under the bright sun of the savanna, among the flowers that filled the air with their sweet fragrance, the lion finally found the peace he had been seeking. It wasn't the peace of solitude, but the peace of an open heart, full of love and gratitude for all that life had given him and all that he had learned to give in return.

El Secreto de la Felicidad

Había una vez un pequeño pueblo escondido en el valle entre dos montañas. Este pueblo era tan pequeño que no aparecía en los mapas, y los pocos que sabían de su existencia lo llamaban "El Pueblo Olvidado". Pero a pesar de su nombre, no era un lugar triste ni solitario. Sus calles estaban llenas de risas, sus casas pintadas de colores vivos, y siempre había música flotando en el aire.

Sin embargo, aunque el pueblo parecía un paraíso, había un secreto que muy pocos conocían. En la cima de una de las montañas que rodeaban el valle, había un árbol muy especial. Este árbol, según contaban las leyendas, guardaba el secreto de la verdadera felicidad. Decían que cualquiera que llegara a su sombra y escuchara sus susurros encontraría la paz y la alegría que todos buscan en la vida.

En el pueblo vivía un joven llamado Mateo. Mateo era un muchacho alegre y lleno de vida, pero había algo que siempre lo inquietaba. Aunque tenía amigos, una familia que lo amaba, y nunca le faltaba nada, sentía que algo le faltaba para ser realmente feliz. Las historias sobre el árbol de la felicidad lo habían fascinado desde que era un niño, y a medida que crecía, ese deseo de encontrarlo se hacía más fuerte.

Un día, Mateo decidió que había llegado el momento de buscar el árbol. Sabía que no sería fácil. Nadie en el pueblo había intentado subir la montaña en muchos años, y los ancianos advertían que el camino era peligroso y traicionero. Pero Mateo estaba decidido. Preparó una pequeña mochila con algo de comida, agua y una manta, y una mañana temprano, justo cuando el sol comenzaba a asomarse por detrás de las montañas, comenzó su ascenso.

El camino era empinado y rocoso. A medida que Mateo subía, el aire se volvía más frío y el viento más fuerte. Sin embargo, cada vez que pensaba en renunciar, recordaba las historias del árbol y cómo podría finalmente encontrar la felicidad que tanto anhelaba. Así que seguía adelante, paso a paso, decidido a no rendirse.

Después de varias horas de ardua caminata, Mateo llegó a un claro en la montaña. Allí, en el centro del claro, se encontraba el árbol. Era un roble antiguo, con un tronco grueso y ramas que se extendían hacia el cielo como brazos acogedores. Las hojas del árbol susurraban suavemente con la brisa, y Mateo sintió una paz profunda al estar en su presencia.

Se acercó al árbol y se sentó a su sombra, esperando escuchar el secreto de la felicidad. Cerró los ojos y se concentró en el sonido de las hojas moviéndose con el viento. Pero por más que esperó, no escuchó nada. No había palabras mágicas ni revelaciones grandiosas. Solo el suave susurro de las hojas y el canto lejano de un pájaro.

Después de un rato, Mateo abrió los ojos, un poco decepcionado. ¿Había subido toda la montaña para nada? Se sentía cansado, y una parte de él deseaba haber permanecido en el pueblo. Pero entonces, notó algo que no había visto antes. A los pies del árbol, había una pequeña flor creciendo entre las raíces. Era una flor simple, de pétalos blancos y delicados, pero había algo en ella que capturó la atención de Mateo.

La observó en silencio, y cuanto más la miraba, más hermosa le parecía. No era una flor grandiosa ni exótica, pero en su simplicidad, Mateo encontró una especie de belleza que no había visto antes. Fue en ese momento que algo hizo clic en su mente.

Mateo se dio cuenta de que había pasado gran parte de su vida buscando la felicidad como si fuera un tesoro escondido, un secreto que solo unos pocos afortunados podían descubrir. Pero ahí, bajo el árbol, entendió que la felicidad no era algo que se pudiera encontrar o alcanzar. No estaba escondida en las montañas ni en las leyendas. La verdadera felicidad estaba en las pequeñas cosas, en los momentos sencillos y en la belleza que nos rodea cada día.

Se dio cuenta de que la felicidad estaba en su pueblo, en las risas de sus amigos, en el amor de su familia, y en las pequeñas flores que crecían a la sombra de los árboles. Todo el tiempo había estado buscando algo que ya tenía, pero que no había sabido apreciar.

Con una sonrisa en el rostro, Mateo se levantó y, antes de marcharse, decidió llevarse un pequeño recuerdo. Tomó una hoja que había caído del árbol y la guardó en su bolsillo, no como un amuleto mágico, sino como un recordatorio de lo que había aprendido.

El camino de vuelta al pueblo fue mucho más fácil. No porque el terreno fuera menos empinado o las rocas menos afiladas, sino porque Mateo ya no sentía la carga de la búsqueda. Ahora, cada paso lo daba con ligereza, con una nueva comprensión de lo que realmente significaba ser feliz.

Cuando Mateo regresó al pueblo, sus amigos y familiares lo recibieron con alegría. Le preguntaron sobre su aventura, y él les contó sobre el árbol y la pequeña flor. Pero no les habló de un secreto mágico o de palabras misteriosas. Les contó cómo había descubierto que la felicidad estaba en todas partes, solo que a veces estamos tan ocupados buscándola en los lugares equivocados que no la vemos.

Desde ese día, Mateo vivió su vida de una manera diferente. Ya no se preocupaba por encontrar la felicidad en los grandes logros o en los sueños lejanos. En su lugar, comenzó a apreciar los pequeños momentos: el sabor de una comida compartida, la calidez del sol en su piel, la risa de un niño jugando en la plaza. Y cuanto más apreciaba estas cosas, más feliz se sentía.

Con el tiempo, los habitantes del pueblo también empezaron a notar el cambio en Mateo. Su alegría era contagiosa, y pronto, todo el pueblo comenzó a ver el mundo con nuevos ojos. Las pequeñas cosas que antes pasaban desapercibidas ahora se convertían en fuentes de alegría: una puesta de sol, el sonido de la lluvia, una simple conversación con un amigo.

El Pueblo Olvidado ya no era un lugar olvidado, al menos no para sus habitantes. Se convirtió en un lugar donde la felicidad no era un objetivo lejano, sino una parte natural de la vida diaria. Y aunque el árbol en la montaña seguía siendo una leyenda, los habitantes sabían que su verdadera lección no estaba en sus susurros, sino en lo que ya tenían y habían aprendido a apreciar.

Así, Mateo, que una vez había subido la montaña en busca de la felicidad, descubrió que lo que había estado buscando siempre había estado con él. Y en esa realización, encontró una paz profunda, la paz de saber que la felicidad no es un destino, sino un camino que se recorre todos los días, paso a paso, con el corazón abierto.

Cada año, en el aniversario de su viaje, Mateo subía la montaña de nuevo, no para buscar el secreto de la felicidad, sino para agradecer al árbol por la lección que le había enseñado. Se sentaba a su sombra, miraba la pequeña flor que seguía creciendo entre las raíces, y sonreía, sabiendo que la verdadera magia estaba en cómo miramos el mundo, no en lo que encontramos en él.

Y así, en un pequeño pueblo entre dos montañas, la felicidad dejó de ser un misterio y se convirtió en la esencia misma de la vida cotidiana, recordando a todos que la verdadera alegría se encuentra en las cosas más simples y en los corazones que saben verlas.

The Secret of Happiness

———

Once upon a time, there was a small village hidden in the valley between two mountains. This village was so small that it didn't appear on any maps, and the few who knew of its existence called it "The Forgotten Village." But despite its name, it was neither a sad nor a lonely place. Its streets were filled with laughter, its houses painted in vibrant colors, and there was always music floating in the air.

However, although the village seemed like paradise, there was a secret that very few knew. At the top of one of the mountains surrounding the valley, there was a very special tree. According to legend, this tree held the secret to true happiness. They said that anyone who reached its shade and listened to its whispers would find the peace and joy that everyone seeks in life.

In the village lived a young man named Mateo. Mateo was a cheerful and lively young man, but there was something that always unsettled him. Although he had friends, a family who loved him, and never lacked for anything, he felt that something was missing to be truly happy. The stories about the tree of happiness had fascinated him since he was a child, and as he grew older, that desire to find it became stronger.

One day, Mateo decided that the time had come to search for the tree. He knew it wouldn't be easy. No one in the village had attempted to climb the mountain in many years, and the elders warned that the path was dangerous and treacherous. But Mateo was determined. He packed a small bag with some food, water, and a blanket, and one early morning, just as the sun began to rise behind the mountains, he began his ascent.

The path was steep and rocky. As Mateo climbed, the air grew colder, and the wind stronger. However, every time he thought about giving up, he remembered the stories of the tree and how he might finally find the happiness he so longed for. So he kept going, step by step, determined not to give up.

After several hours of arduous walking, Mateo reached a clearing on the mountain. There, in the center of the clearing, stood the tree. It was an ancient oak, with a thick trunk and branches that extended toward the sky like welcoming arms. The tree's leaves whispered softly in the breeze, and Mateo felt a deep peace in its presence.

He approached the tree and sat in its shade, waiting to hear the secret of happiness. He closed his eyes and focused on the sound of the leaves rustling in the wind. But no matter how long he waited, he heard nothing. There were no magical words or grand revelations. Just the soft whisper of the leaves and the distant song of a bird.

After a while, Mateo opened his eyes, a little disappointed. Had he climbed the entire mountain for nothing? He felt tired, and a part of him wished he had stayed in the village. But then, he noticed something he hadn't seen before. At the base of the tree, there was a small flower growing among the roots. It was a simple flower, with delicate white petals, but there was something about it that captured Mateo's attention.

He observed it in silence, and the more he looked at it, the more beautiful it seemed. It wasn't a grand or exotic flower, but in its simplicity, Mateo found a kind of beauty he hadn't seen before. It was in that moment that something clicked in his mind.

Mateo realized that he had spent much of his life searching for happiness as if it were a hidden treasure, a secret that only a few fortunate ones could discover. But there, under the tree, he understood that happiness wasn't something to be found or attained. It wasn't hidden in the mountains or in the legends. True happiness was in the small things, in the simple moments, and in the beauty that surrounds us every day.

He realized that happiness was in his village, in the laughter of his friends, in the love of his family, and in the little flowers that grew in the shade of trees. All along, he had been searching for something he already had, but hadn't known how to appreciate.

With a smile on his face, Mateo stood up and, before leaving, decided to take a small memento. He took a leaf that had fallen from the tree and put it in his pocket, not as a magical talisman, but as a reminder of what he had learned.

The way back to the village was much easier. Not because the terrain was less steep or the rocks less sharp, but because Mateo no longer felt the burden of the search. Now, every step he took was light, with a new understanding of what it really meant to be happy.

When Mateo returned to the village, his friends and family welcomed him with joy. They asked him about his adventure, and he told them about the tree and the little flower. But he didn't speak of a magical secret or mysterious words. He told them how he had discovered that happiness was everywhere, only that sometimes we are so busy looking for it in the wrong places that we don't see it.

From that day on, Mateo lived his life differently. He no longer worried about finding happiness in great achievements or distant dreams. Instead, he began to appreciate the small moments: the taste of a shared meal, the warmth of the sun on his skin, the laughter of a child playing in the square. And the more he appreciated these things, the happier he felt.

Over time, the villagers also began to notice the change in Mateo. His joy was contagious, and soon, the entire village began to see the world with new eyes. The little things that had once gone unnoticed now became sources of joy: a sunset, the sound of rain, a simple conversation with a friend.

The Forgotten Village was no longer a forgotten place, at least not for its inhabitants. It became a place where happiness wasn't a distant goal, but a natural part of daily life. And although the tree on the mountain remained a legend, the villagers knew that its true lesson wasn't in its whispers, but in what they already had and had learned to appreciate.

Thus, Mateo, who had once climbed the mountain in search of happiness, discovered that what he had been searching for had always been with him. And in that realization, he found a deep peace, the peace of knowing that happiness isn't a destination, but a journey that is traveled every day, step by step, with an open heart.

Every year, on the anniversary of his journey, Mateo climbed the mountain again, not to search for the secret of happiness, but to thank the tree for the lesson it had taught him. He would sit in its shade, look at the small flower that continued to grow among the roots, and smile, knowing that the real magic was in how we see the world, not in what we find in it.

And so, in a small village between two mountains, happiness ceased to be a mystery and became the very essence of everyday life, reminding everyone that true joy is found in the simplest things and in the hearts that know how to see them.